LEGEND
欧冠传奇

念洲 著

直笔体育巨星系列

北京时代华文书局

欧冠传奇

1955年，欧洲冠军杯成立，至今已有六十余年的历史。1992年，冠军杯改制为欧洲冠军联赛，也有将近三十载。半个多世纪以来，世界沧海桑田，足坛风云变幻，已经有来自不同国家、地区、联赛的22支球队夺得过欧冠冠军，捧起过大耳圣杯的球员，更是数不胜数。因此，在欧冠的无垠夜空中，也有着无数闪亮的星辰。

最亮的那颗星，无疑就是C罗，我们的"欧冠之王"，但是除了C罗之外，还有众多的世界级球星在欧冠的史册上留下了光辉灿烂的笔墨。他们之中，有的人靠进球制胜，有的人以防守见长，有的人是夺冠福星，有的人则书写过旷世神迹，而这些功绩与成就，同样值得球迷朋友们铭记。

接下来，就请跟随笔者的笔触，去回顾跌宕起伏的光辉岁月，回味欧冠五十大巨星的辉煌征程。

CONTENTS
目录

克里斯蒂亚诺·罗纳尔多 1

里奥·梅西 2

迪·斯蒂法诺 4

帕科·亨托 7

劳尔·冈萨雷斯 8

保罗·马尔蒂尼 11

弗朗茨·贝肯鲍尔 12

约翰·克鲁伊夫 14

费伦茨·普斯卡什 17

菲尔·尼尔 18

盖德·穆勒 20

齐内丁·齐达内 23

尤西比奥·达·席尔瓦·费雷拉 24

哈维·埃尔南德兹·克雷乌斯 27

安德雷斯·伊涅斯塔 28

克拉伦斯·西多夫 30

肯尼·达格利什 32

史蒂文·杰拉德 35

桑德罗·马佐拉 36

瑞恩·吉格斯 38

雷蒙·科帕 40

弗兰克·里杰卡尔德 42

罗伯特·卡洛斯 44

杰拉德·皮克 46

塞尔希奥·拉莫斯 47

保罗·斯科尔斯 48

罗纳尔迪尼奥 49

约翰·内斯肯斯 50

让-皮埃尔·帕潘 51

亚历山德罗·科斯塔库塔 52

伊戈尔·卡西利亚斯 53

塞普·迈耶 54

贾琴托·法切蒂 55

弗朗哥·巴雷西 56

格雷姆·索内斯 57

若泽·阿尔塔菲尼 58

罗纳德·科曼 59

萨穆埃尔·埃托奥·菲尔斯 60

罗伯特·莱万多夫斯基 61

安德烈·舍甫琴科 62

卡里姆·本泽马 63

安德烈亚·皮尔洛 64

大卫·贝克汉姆 65

何塞·桑塔马利亚 66

加雷斯·贝尔 67

路易斯·菲戈 68

马塞尔·德塞利 69

费尔南多·莫伦特斯 70

埃德温·范德萨 71

曼努埃尔·诺伊尔 72

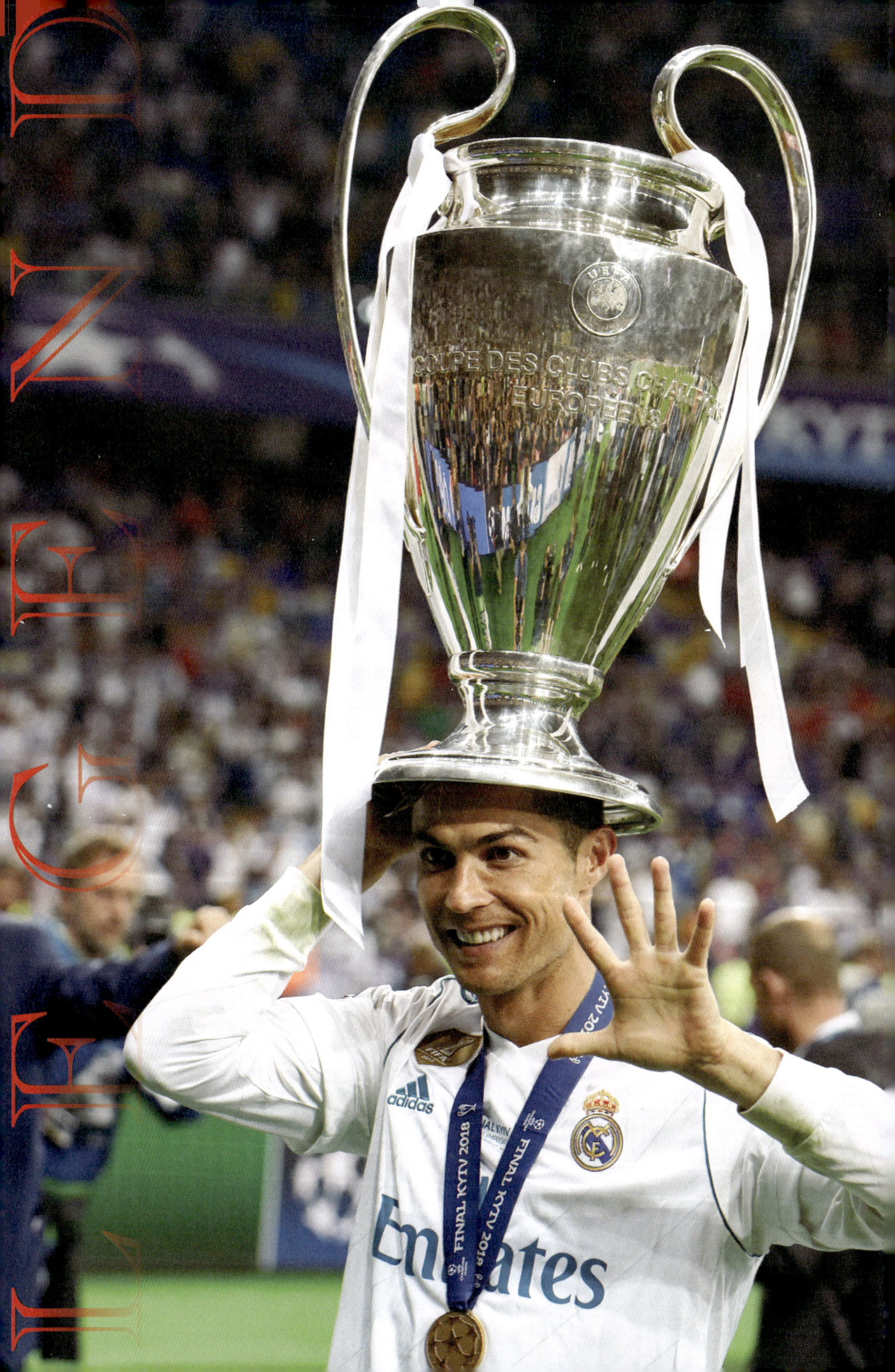
LEGEND
adidas
FINAL KYIV 2018

CRISTIANO RONALDO

克里斯蒂亚诺·罗纳尔多

出生日期： 1985 年 2 月 5 日

国　　籍： 葡萄牙

位　　置： 前锋

效力球队： 葡萄牙体育，曼联，皇马，尤文图斯

欧冠数据： 180 场 135 球

（数据包含资格赛阶段，截止 2021 年 5 月 1 日，下同）

欧冠冠军： 5（2007-2008，2013-2014，2015-2016，2016-2017，2017-2018）

C 罗是欧冠历史上最伟大的球星之一，甚至把"之一"去掉也不为过，因为他是欧冠自 1955 年成立以来进球最多、助攻最多的球员，代表曼联和皇马两家豪门 **5 夺欧冠冠军**，是 1992 年欧冠改制以来夺冠次数最多的球员，"欧冠之王""欧冠第一巨星""欧冠五十大球星之首"的美誉，实至名归。

5 夺欧冠冠军
欧冠之王

LEO MESSI

里奥·梅西

出生日期： 1987年6月24日

国　　籍： 阿根廷

位　　置： 前锋

效力球队： 巴塞罗那

欧冠数据： 149场120球

欧冠冠军： 4（2005-2006，2008-2009，2010-2011，2014-2015）

最伟大的对手

"梅罗争霸"是世界足坛十多年以来的最重要主题，欧冠也不例外。**梅西是C罗最伟大的对手**，虽然在欧冠进球数和冠军数上仍然稍逊后者一筹，但拥有年轻两岁的优势，未来未必没有追上乃至反超的可能。所以，**他是欧冠历史上最杰出的球星之一**，也是C罗"欧冠之王"地位的**最大威胁**。

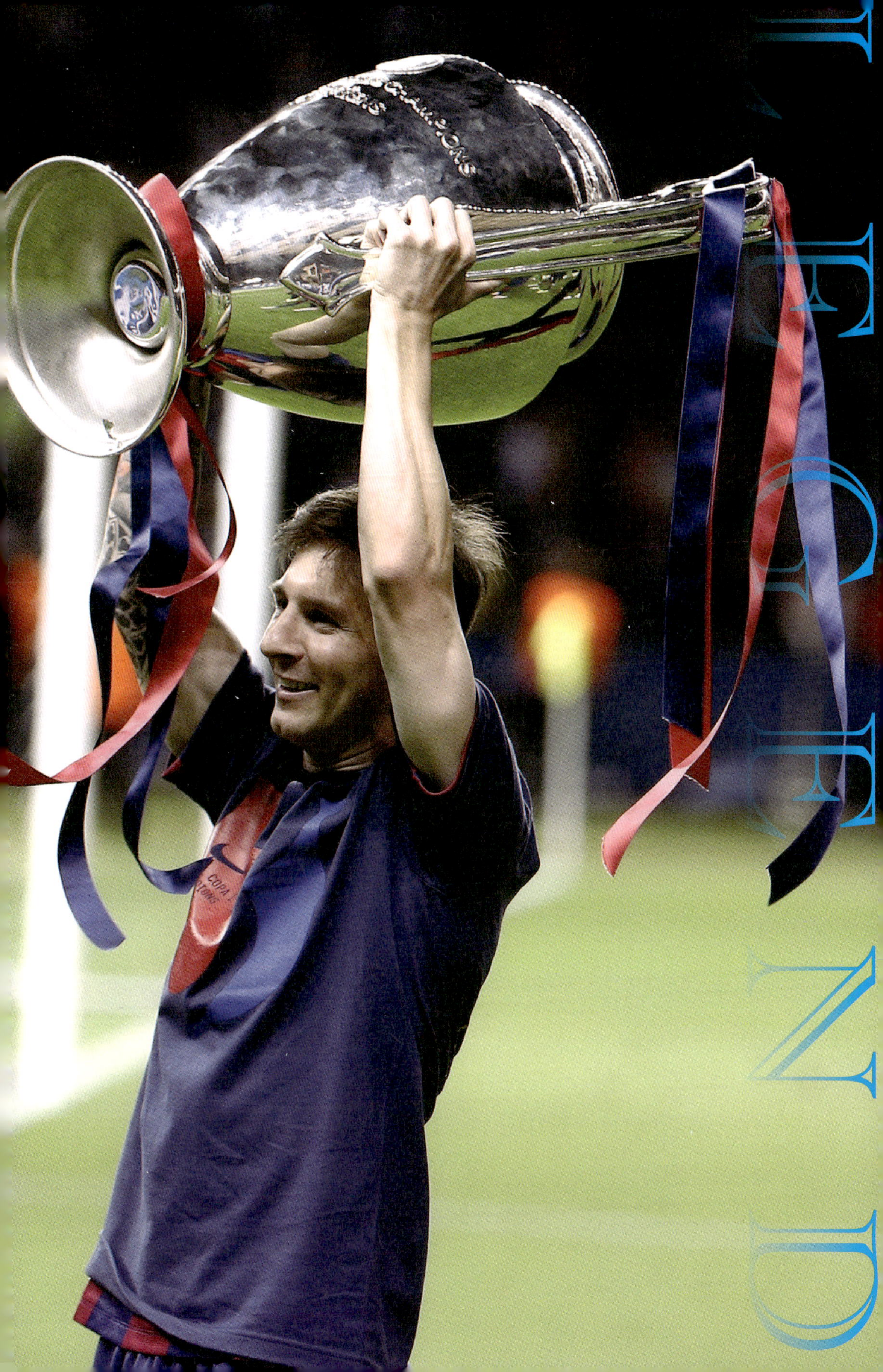
LEGEND

迪·斯蒂法诺

DI STEFANO

迪·斯蒂法诺是足球历史上**最著名的"球王"**之一，也是欧洲冠军杯初创时代的第一位巨星，皇马1956至1960年五连冠时期的绝对核心，而且这五届欧冠决赛，他都有进球入账，特别是1960年的第五冠，这位阿根廷球星在决赛中一人**独中三元，上演帽子戏法，**率领皇马7比3**横扫法兰克福**。2014年7月7日，迪·斯蒂法诺去世，享年88岁。

出生日期: 1926 年 7 月 4 日

国　　籍: 阿根廷, 西班牙

位　　置: 前锋

效力球队: 河床, 百万富翁, 皇马, 西班牙人

欧冠数据: 58 场 49 球

欧冠冠军: 5 (1955-1956, 1956-1957, 1957-1958, 1958-1959, 1959-1960)

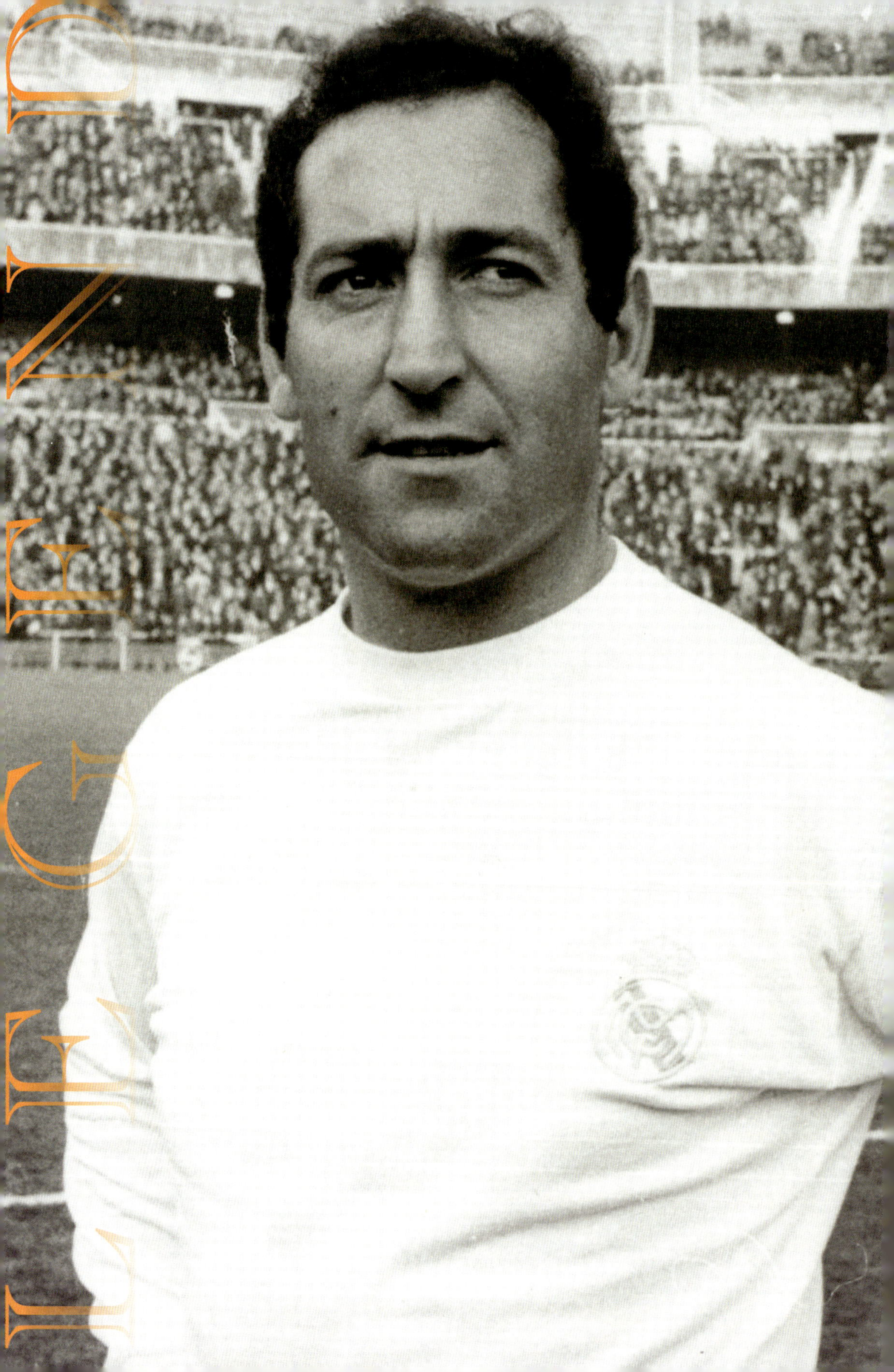
LEGEND

PACO GENTO

帕科·亨托

出生日期： 1933 年 10 月 21 日

国　　籍： 西班牙

位　　置： 边锋

效力球队： 桑坦德竞技，皇马

欧冠数据： 88 场 32 球

欧冠冠军： 6（1955-1956，1956-1957，1957-1958，1958-1959，1959-1960，1965-1966）

亨托是欧冠历史上夺冠次数最多的球员，没有之一，曾经**6次问鼎大耳杯**，C罗距离他还差1冠。他也是皇马队史最伟大的边锋之一，和迪·斯蒂法诺一样，都是皇马欧冠五连冠时期的主力，而且在成就五连霸伟业的6年之后，又一次率领西甲豪门夺得欧冠冠军，可以说是**跨越了两个伟大时代**。

6 次问鼎

夺冠次数最多

RAÚL GONZÁLEZ

劳尔·冈萨雷斯

出生日期： 1977 年 6 月 27 日

国　　籍： 西班牙

位　　置： 前锋

效力球队： 皇马，沙尔克 04，阿尔萨德，纽约宇宙

欧冠数据： 144 场 71 球

欧冠冠军： 3（1997-1998，1999-2000，2001-2002）

射手王

劳尔曾是欧冠的历史射手王，虽然现在被梅西、C 罗、莱万多夫斯基先后超越，依然以 71 球高居射手榜第四，是**欧冠史上最伟大的前锋之一**。20 世纪末至 21 世纪初，"指环王"为皇马三夺欧冠冠军立下汗马功劳，永远是**"美凌格"心目中独一无二的存在**，即便 C 罗也无法完全代替。

EGEND

LEGEND

PAOLO MALDINI

保罗·马尔蒂尼

出生日期： 1968 年 6 月 26 日

国　　籍： 意大利

位　　置： 后卫

效力球队： AC 米兰

欧冠数据： 139 场 3 球

欧冠冠军： 5（1988-1989，1989-1990，1993-1994，2002-2003，2006-2007）

5夺欧冠冠军
最伟大的左后卫

马尔蒂尼是意大利式防守的最杰出代表，历史上最伟大的左后卫之一，也是**欧洲足坛的一棵常青树**。他终生都效力于意甲豪门AC米兰，**5夺欧冠冠军**，从20世纪80年代到90年代，再到21世纪初，**横跨三个十年**，这是一个无人能够企及的旷世成就，足以令所有同侪与球迷敬佩、仰望。

FRANZ BECKENBAUER

弗朗茨·贝肯鲍尔

出生日期: 1945 年 9 月 11 日

国　　籍: 德国

位　　置: 后卫

效力球队: 拜仁, 纽约宇宙, 汉堡

欧冠数据: 40 场 4 球

欧冠冠军: 3(1973-1974, 1974-1975, 1975-1976)

"足球皇帝"

足坛历史上的巨星有很多,"球王"也有那么几位,但被誉为**"足球皇帝"**的只有一个,他就是贝肯鲍尔。贝肯鲍尔球风优雅、领袖气质出众,在他的统领下,拜仁慕尼黑于1974至1976年间成就了**欧冠三连冠**的伟业。而且,**他还以球员和主帅的身份分别夺得世界杯冠军**,是足坛第一人。

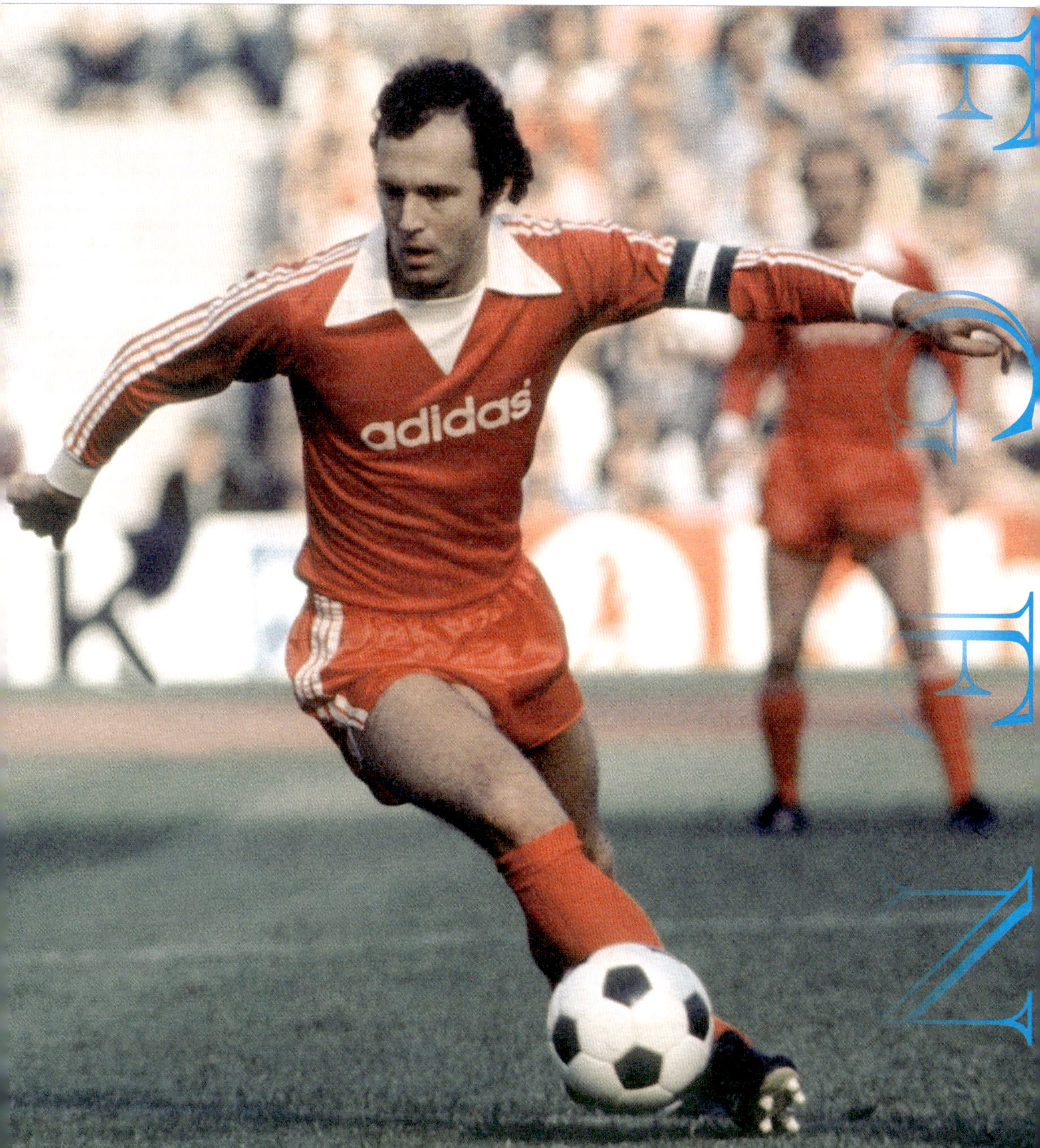
adidas

约翰·克鲁伊夫
JOHAN CRUYFF

"球圣"

"球圣"克鲁伊夫不仅相貌英俊、球技精湛，还是**"全攻全守"足球的创始人之一和代表人物**。1971至1973年，他率领的那支阿贾克斯将这一超前的战术打法与理念演绎得淋漓尽致，成为欧冠历史上**最具风格和吸引力的球队之一**。2016年3月24日，**"球圣"**去世，享年68岁。

出生日期： 1947 年 4 月 25 日

国　　籍： 荷兰

位　　置： 前锋，进攻型中场

效力球队： 阿贾克斯，巴萨，洛杉矶阿兹特克，华盛顿外交官，莱万特，费耶诺德

欧冠数据： 49 场 19 球

欧冠冠军： 3（1970-1971，1971-1972，1972-1973）

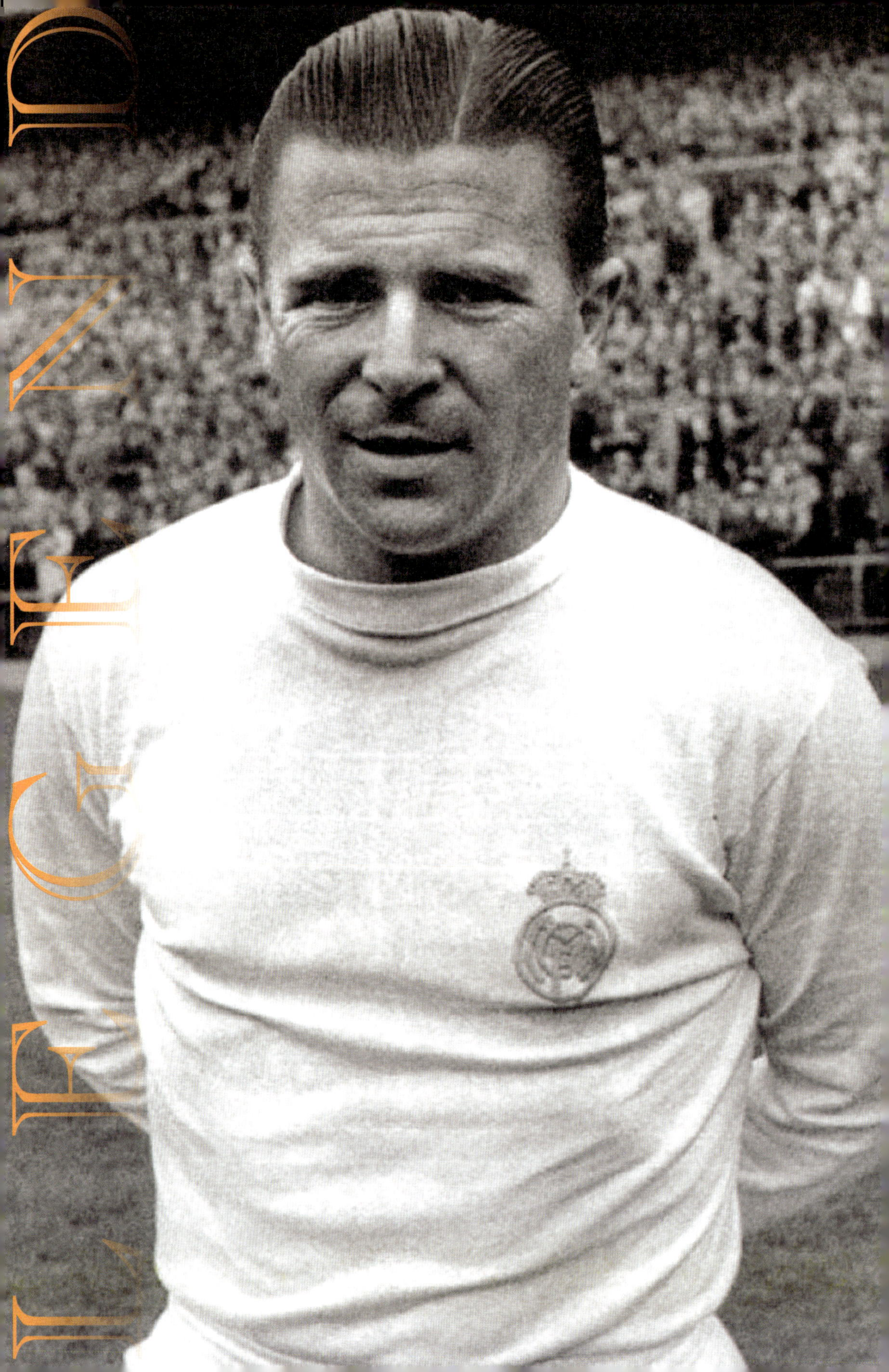
LEGEND

FERENC PUSKAS

费伦茨·普斯卡什

出生日期： 1927年4月2日

国　　籍： 匈牙利

位　　置： 前锋

效力球队： 洪维德，皇马

欧冠数据： 41场35球

欧冠冠军： 3（1958-1959，1959-1960，1965-1966）

"**飞翔的上校**"普斯卡什1958年加盟皇马，未能赶上五连冠时期的前三个冠军，但1960年欧冠决赛，**他打入4粒进球，完成了惊人的大四喜**，这至今仍然是欧冠决赛的**单场进球纪录**。1962年欧冠决赛，普斯卡什又上演帽子戏法，可惜皇马输给了本菲卡。2006年11月17日，普斯卡什去世，享年79岁。

"飞翔的上校"

单场进球纪录

PHIL NEAL

菲尔·尼尔

出生日期： 1951年2月20日

国　　籍： 英国

位　　置： 后卫

效力球队： 北安普敦，利物浦，博尔顿

欧冠数据： 57场10球

欧冠冠军： 4(1976-1977, 1977-1978, 1980-1981, 1983-1984)

主力右后卫
4次问鼎欧冠冠军

20世纪70年代末至80年代初，利物浦称雄英格兰足坛和欧洲赛场，尼尔是那支伟大"红军"的**主力右后卫**，8次夺得老英甲联赛冠军，也是唯一一位**4次问鼎欧冠冠军的球员**，还捧起过**欧洲联盟杯和欧洲超级杯**。虽然只是一名边后卫，但他以擅长在重要比赛中进球而著称，1977年和1984年决赛各进1球。

EGEND

GERD MÜLLER

盖德·穆勒

出生日期： 1945 年 11 月 3 日

国　　籍： 德国

位　　置： 前锋

效力球队： 诺林根，拜仁，劳德代尔堡

欧冠数据： 35 场 34 球

欧冠冠军： 3（1973-1974，1974-1975，1975-1976）

"金色轰炸机"
最高效的前锋

盖德·穆勒有**"金色轰炸机"之称**，是德国乃至欧洲足球历史上最出色的进球机器之一，虽然没有华丽的球风，但他是**天生的射手**。1974至1976年拜仁完成欧冠三连冠，他在前两届决赛中都破门得分，整个职业生涯35场欧冠斩获34球，场均接近1球，**是欧冠历史上最高效的前锋。**

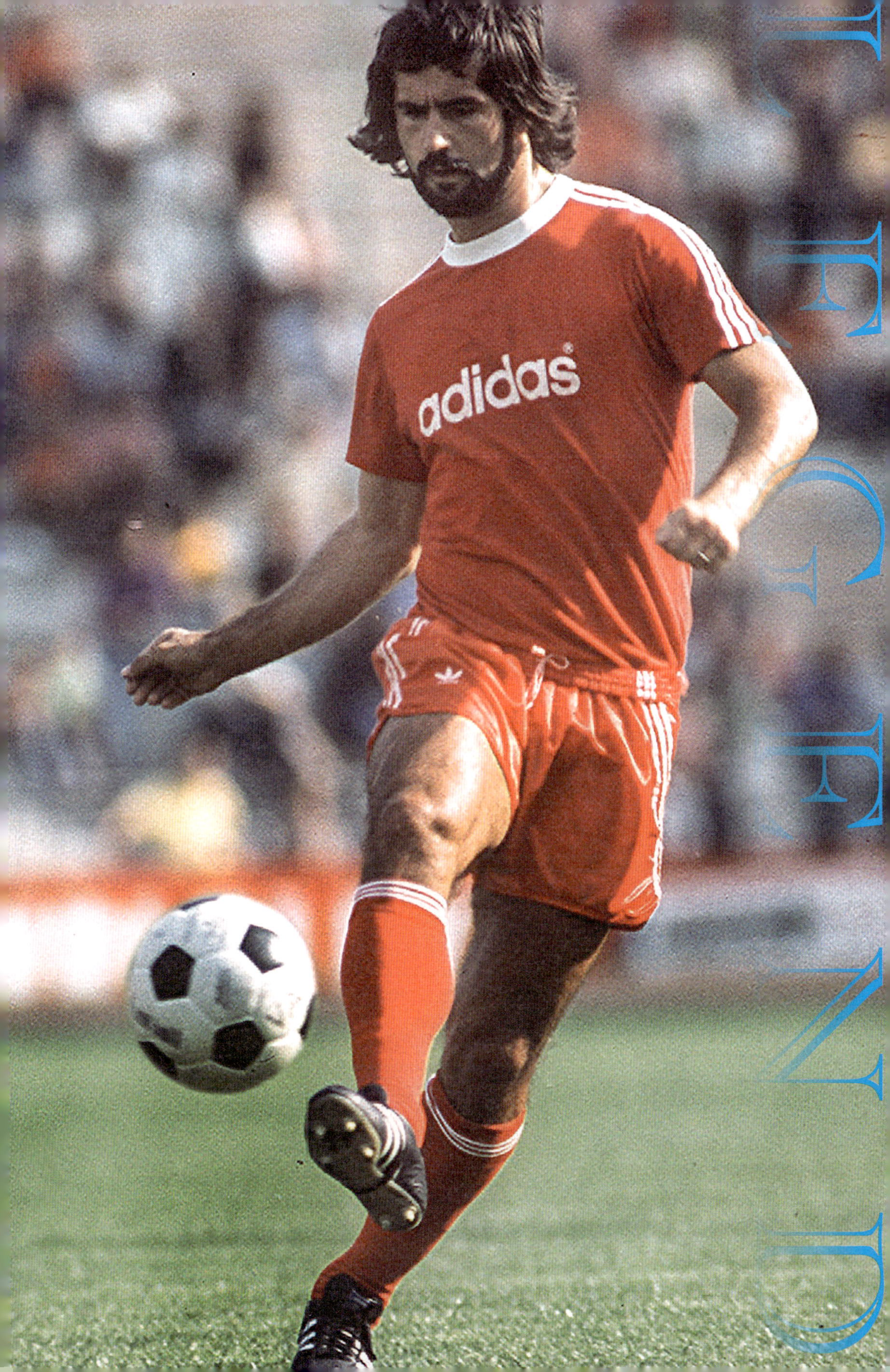
LEGEND
adidas

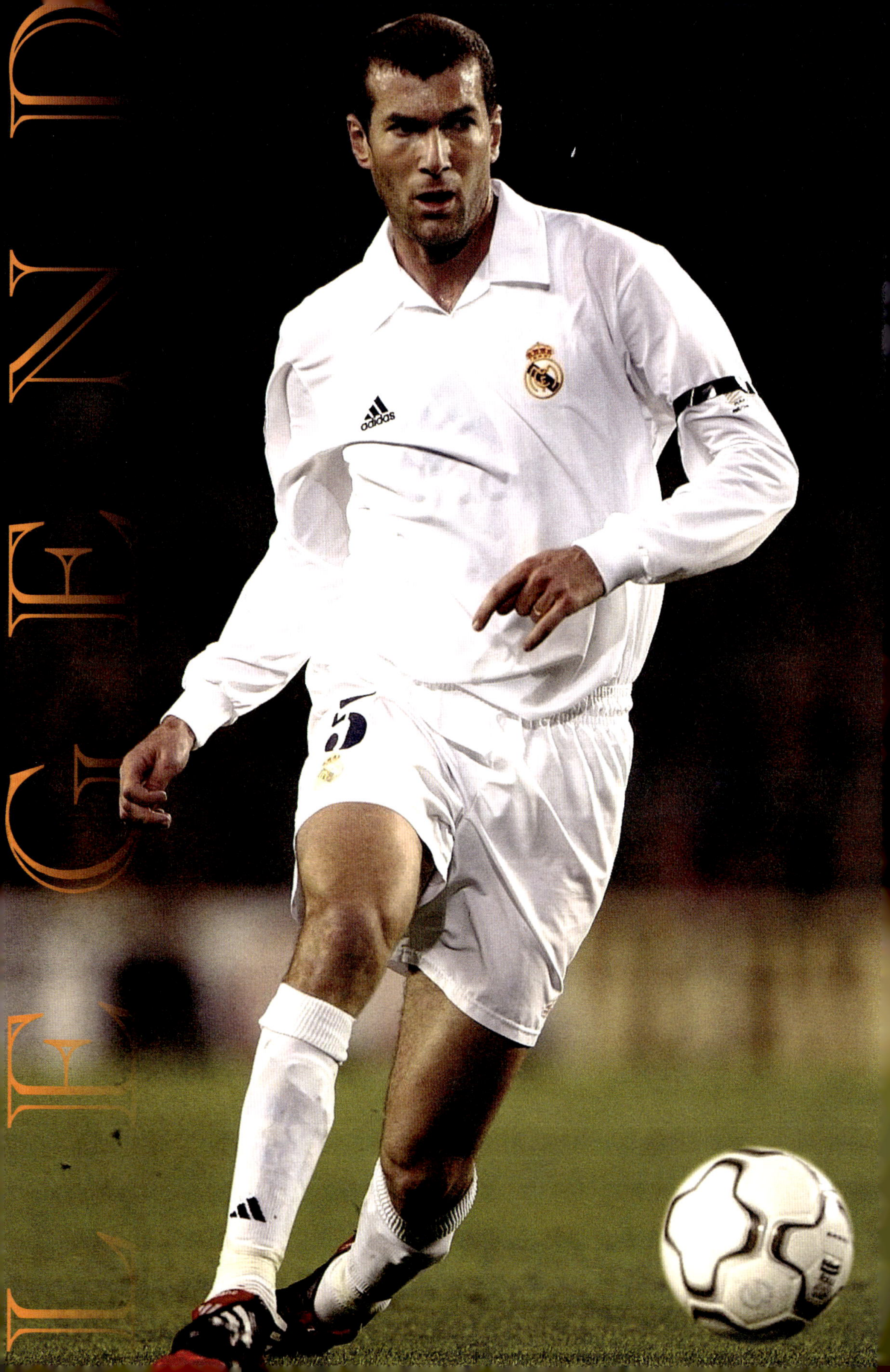
LEGEND
adidas

ZINEDINE ZIDANE

齐内丁·齐达内

出生日期： 1972 年 6 月 23 日

国　　籍： 法国

位　　置： 中场

效力球队： 戛纳，波尔多，尤文图斯，皇马

欧冠数据： 82 场 14 球

欧冠冠军： 4（2001-2002, 2015-2016, 2016-2017, 2017-2018）

作为足球史上的**球王级巨星**，齐达内在球员时代"只"拿过一次欧冠决赛，但2002年欧冠决赛的那脚**天外飞仙**，绝对是欧冠历史上最精彩的进球之一。而他的最伟大成就，其实是在成为教练之后，以"菜鸟主帅"的身份带领皇马在2015至2018年间**完成了欧冠三连冠的伟业，**这是1992年欧冠改制以来的第一次。

欧冠三连冠
"菜鸟主帅"

EUSÉBIO DA SILVA FERREIRA

尤西比奥·达·席尔瓦·费雷拉

出生日期： 1942年1月25日

国　　籍： 葡萄牙

位　　置： 前锋

效力球队： 本菲卡，波士顿小人，蒙特雷，多伦多地铁，贝拉马尔，拉斯维加斯水银，托马尔，新泽西美国人

欧冠数据： 63场47球

欧冠冠军： 1（1961-1962）

"黑豹"

"黑豹"尤西比奥是C罗之前葡萄牙历史上的最**伟大球星**，虽然只在1962年率领本菲卡**夺得过一个欧冠冠军**，但他在1964-1965赛季、1965-1966赛季、1967-1968赛季三次荣获欧冠最佳射手的殊荣，曾是1992年欧冠改制之前的**历史第二射手**，仅次于迪·斯蒂法诺。2014年1月5日，尤西比奥去世，享年71岁。

LEGEND

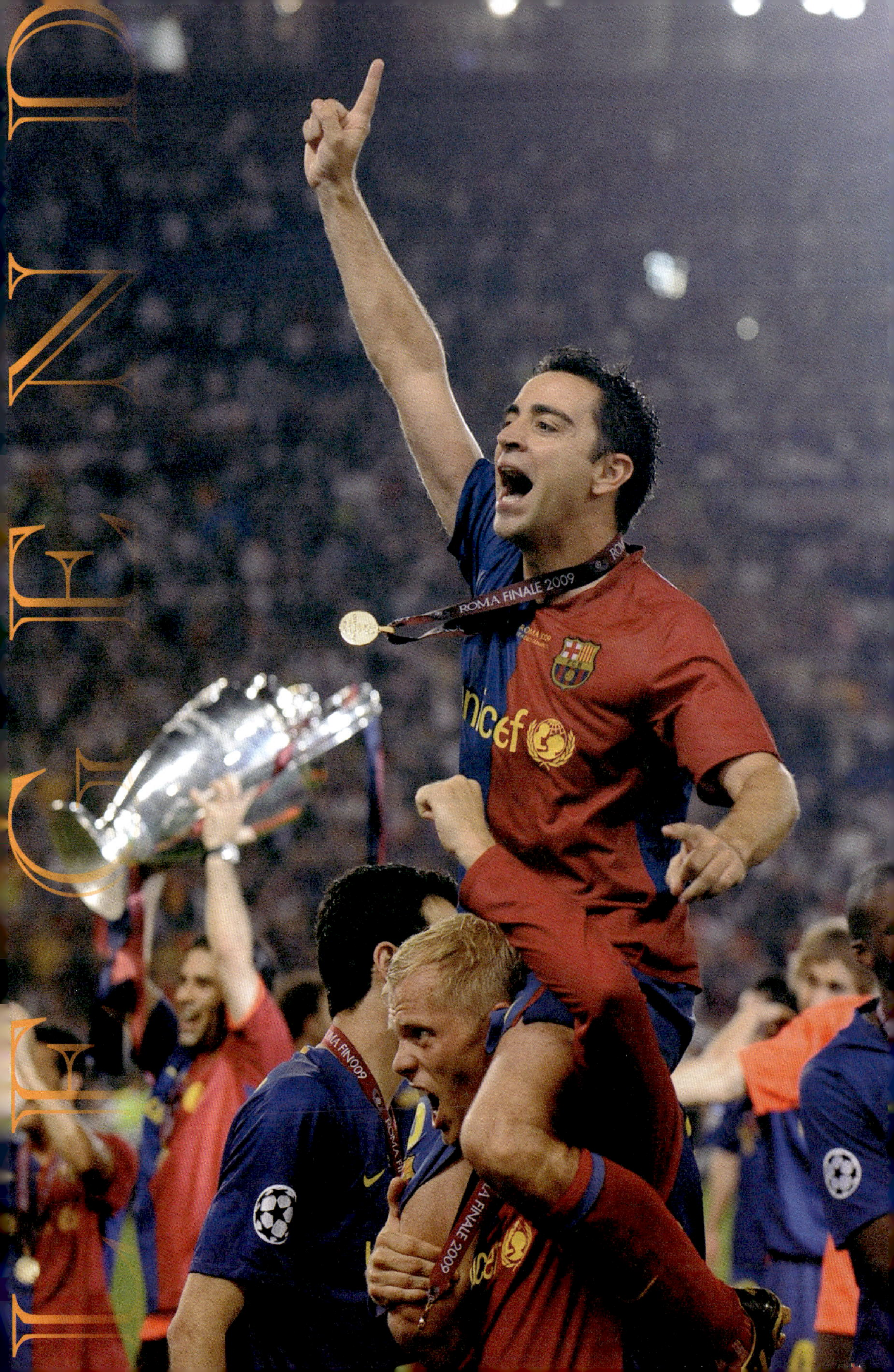
LEGEND
ROMA FINALE 2009
unicef

XAVIER HERNANDEZ CREUS

哈维·埃尔南德兹·克雷乌斯

出生日期： 1980年1月25日

国　　籍： 西班牙

位　　置： 中场

效力球队： 巴塞罗那，阿尔萨德

欧冠数据： 157场12球

欧冠冠军： 4（2005-2006，2008-2009，2010-2011，2014-2015）

哈维堪称西班牙足球的一面旗帜，2008至2012年，西班牙国家队连续三届大赛夺冠，**他是中场核心**；巴萨从"梦二队"到"梦四队"，4次问鼎欧冠冠军，他是进攻组织的大脑。哈维虽然没有强壮的身体，但拥有出众的传球功夫与超高的足球智商，**是tiki-taka战术理念的灵魂人物**。

一面旗帜
进攻组织的大脑

安德雷斯·伊涅斯塔

ANDRES INIESTA

"中场双核"

伊涅斯塔与哈维并称**西班牙国家队和巴萨的"中场双核"**，他的传球技巧同样优秀，突破过人的能力更强，**"油炸丸子"**是看家绝技，所以既能踢中场，也能担任边锋。**他为"红蓝军团"4夺欧冠冠军，国家队也是大赛三连冠荣誉等身**，但和哈维一样，唯一的遗憾是没有获得金球奖和世界足球先生的肯定。

出生日期： 1984 年 5 月 11 日

国　　籍： 西班牙

位　　置： 中场

效力球队： 巴塞罗那, 神户胜利船

欧冠数据： 132 场 11 球

欧冠冠军： 4（2005-2006, 2008-2009, 2010-2011, 2014-2015）

CLARENCE SEEDORF

克拉伦斯·西多夫

出生日期： 1976 年 4 月 1 日

国　　籍： 荷兰

位　　置： 中场

效力球队： 阿贾克斯，桑普多利亚，皇马，国米，AC 米兰，博塔弗戈

欧冠数据： 131 场 12 球

欧冠冠军： 4（1994-1995，1997-1998，2002-2003，2006-2007）

代表三支不同球队夺冠

"神迹"

自从1955年创立以来，**欧冠历史上只有一位球员曾经代表三支不同球队夺冠**，他就是荷兰中场西多夫。从阿贾克斯到皇马，再到米兰双雄，西多夫的足迹遍布欧洲四大豪门，而除了国米之外，在其他**三家都捧起过大耳金杯**，这不得不说是一项"**神迹**"。与之相比，C罗也只在曼联和皇马两支球队有过夺冠经历。

LEGEND

KENNY DALGLISH

肯尼·达格利什

出生日期： 1951 年 3 月 4 日

国　　籍： 英国

位　　置： 前锋

效力球队： 凯尔特人，利物浦

欧冠数据： 68 场 14 球

欧冠冠军： 3（1977-1978，1980-1981，1983-1984）

"利物浦国王"

肯尼·达格利什爵士，被誉为**"利物浦国王"**，是球队历史上最伟大的球星之一，曾经为"红军"在各项赛事中出场**515次**，攻入**172球，6次夺得老英甲联赛冠军，3次在欧洲冠军杯上捧元**。尤其是1978年欧冠决赛，利物浦1比0力克比利时劲旅布鲁日，正是他打入了全场比赛的唯一进球。

EGEND

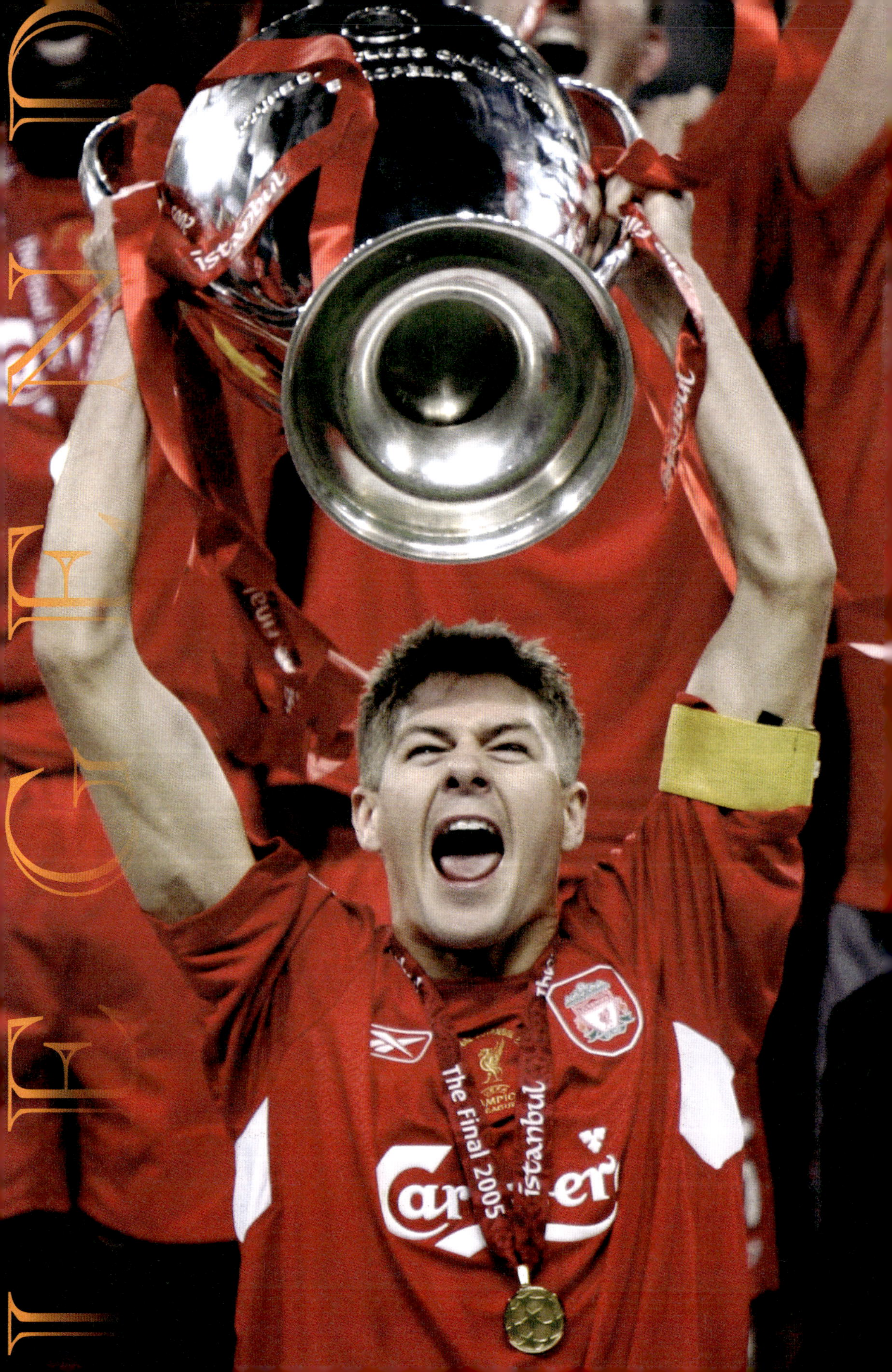
LEGEND
The Final 2005
istanbul

STEVEN GERRARD

史蒂文·杰拉德

出生日期： 1980 年 5 月 30 日

国　　籍： 英国

位　　置： 中场

效力球队： 利物浦，洛杉矶银河

欧冠数据： 87 场 30 球

欧冠冠军： 1（2004-2005）

杰拉德是**利物浦的功勋队长**，虽然职业生涯只拿过一座欧冠冠军奖杯，却是一次绝无仅有的经历。2005年欧冠决赛，被认为是历史上**最荡气回肠的决赛之一**，"红军"在半场0比3落后的情况下上演惊天大逆转，最终在点球大战中击败AC米兰，而贡献1球1助攻的杰拉德，正是这场"**伊斯坦布尔奇迹**"**的导演**。

SANDRO MAZZOLA

桑德罗·马佐拉

出生日期： 1942年11月8日

国　　籍： 意大利

位　　置： 前锋，进攻型中场

效力球队： 国际米兰

欧冠数据： 38场17球

欧冠冠军： 2（1963-1964，1964-1965）

"足球魔术师"
最佳进攻型中场和前锋

马佐拉的父亲瓦伦蒂诺·马佐拉是20世纪40年代那支伟大都灵队的队长，他则子承父业，被誉为**"足球魔术师"**，是意大利足球史上**最佳进攻型中场和前锋**之一，脚法秀丽，跑位灵活，盘带技术出众，为20世纪60年代国际米兰的进攻核心，率队完成欧冠两连冠，**成为"大国际时代"的开创者之一。**

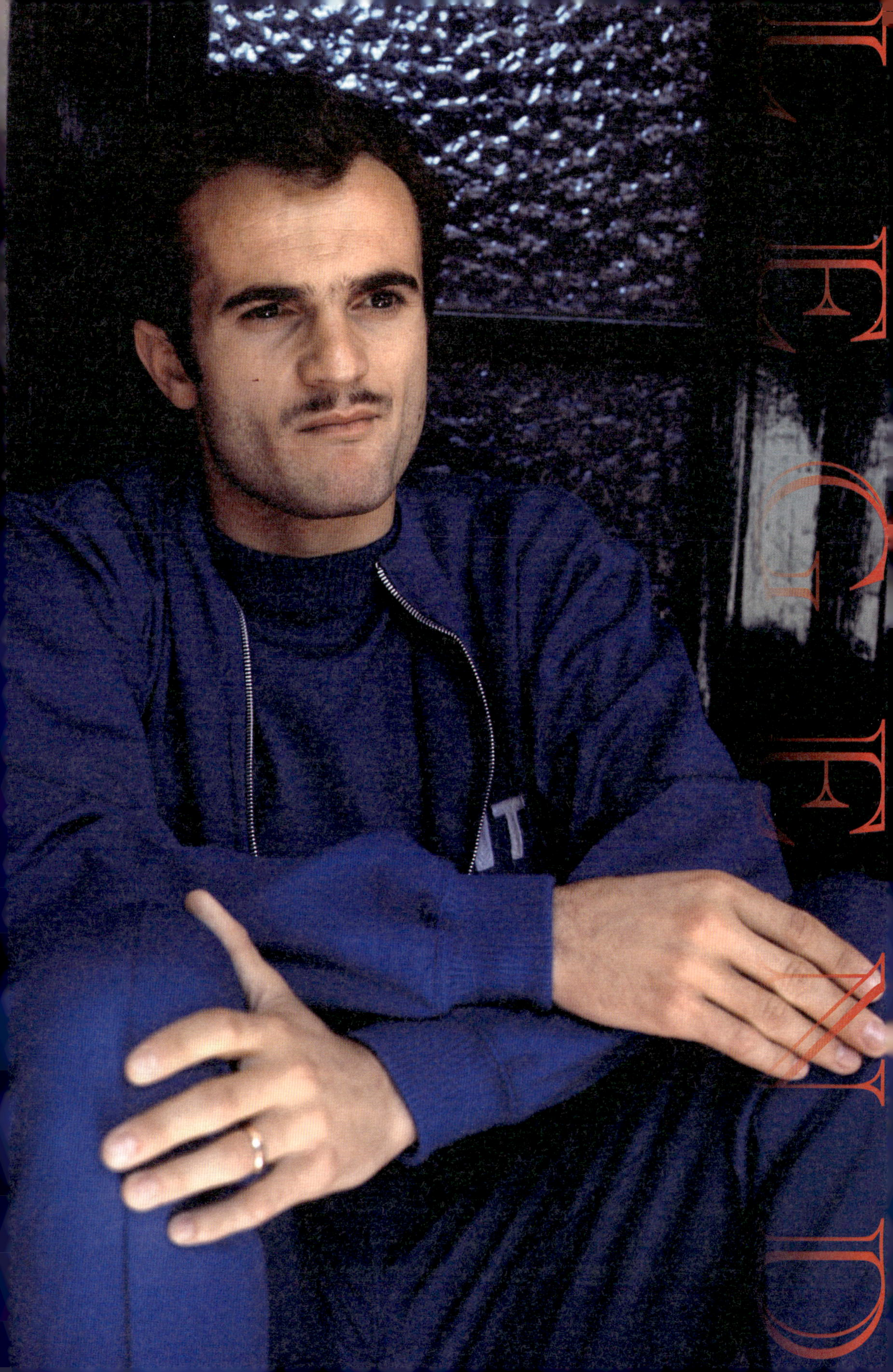

RYAN GIGGS

瑞恩·吉格斯

出生日期： 1973年11月29日

国　　籍： 威尔士

位　　置： 边锋，中场

效力球队： 曼联

欧冠数据： 151场30球

欧冠冠军： 2（1998-1999，2007-2008）

三冠王
最优秀的边锋

　　吉格斯是威尔士足球史上**最伟大的球星**，也是曼联的传奇人物，被认为是那个时代最优秀的边锋之一。在"红魔"，他**几乎拿遍所有冠军，**其中就包括1998-1999赛季的三冠王，以及2007-2008赛季的英超、欧冠双冠王。2009年和2011年，吉格斯还曾**两次杀入欧冠决赛，**可惜都输给了鼎盛时期的巴萨，屈居亚军。

LEGEND

雷蒙·科帕

RAYMOND KOPA

初代巨星

科帕是法国足球史上的**初代巨星**，1958年金球奖得主。他的技术非常全面，速度快，擅长**突破过人，传射俱佳**。1956年，这位法国球星从法甲加盟皇马，以内锋的身份帮助球队完成欧冠三连冠，成为**第一位夺得欧洲冠军杯的法国人**。2017年3月3日，科帕去世，享年85岁。

出生日期： 1931 年 10 月 13 日

国　　籍： 法国

位　　置： 进攻型中场

效力球队： 昂热，兰斯，皇马

欧冠数据： 34 场 8 球

欧冠冠军： 3（1956-1957，1957-1958，1958-1959）

弗兰克·里杰卡尔德

FRANK RIJKAARD

里杰卡尔德是**"荷兰三剑客"**之一，全能型球员的杰出代表，被视为足球史上最优秀的后腰之一，也几乎能踢球场上的所有位置。1989年和1990年，**他带领AC米兰蝉联欧冠冠军**，重返母队阿贾克斯之后又在1995年三夺欧冠冠军。退役之后，里杰卡尔德执起教鞭，**打造出巴萨"梦二队"，以主帅身份于2006年再夺大耳杯。**

荷兰三剑客

出生日期： 1962 年 9 月 30 日

国　　籍： 荷兰

位　　置： 防守型中场，中卫

效力球队： 阿贾克斯，葡萄牙体育，AC 米兰，萨拉戈萨，巴萨

欧冠数据： 42 场 7 球

欧冠冠军： 4（1988-1989，1989-1990，1994-1995，2005-2006）

最优秀的后腰

出生日期: 1973年4月10日

国　　籍: 巴西

位　　置: 左后卫

效力球队: 圣若昂，帕尔梅拉斯，国米，皇马，费内巴切，科林蒂安，安郅

欧冠数据: 128场17球

欧冠冠军: 3（1997-1998，1999-2000，2001-2002）

罗伯特·卡洛斯

ROBERTO CARLOS

三次问鼎欧冠冠军

卡洛斯以超强的**助攻能力和强悍的定位球**功夫著称于世，被誉为巴西乃至世界足球历史上**最优秀的助攻型左后卫之一**。他从南美登陆欧洲的第一站是意甲豪门国际米兰，但真正成名立万是在皇马，跟随球队在20世纪末21世纪初三次问鼎欧冠冠军，**是"银河战舰"的元老级成员**。

杰拉德·皮克

GERARD PIQUE

最优秀的控球型中卫 冠军队主力

出生日期： 1987年2月2日

国　　籍： 西班牙

位　　置： 中后卫

效力球队： 曼联，萨拉戈萨，巴萨

欧冠数据： 121场15球

欧冠冠军： 4（2007-2008，2008-2009，2010-2011，2014-2015）

皮克出身于巴萨的拉玛西亚青训营，被曼联挖走之后，曾与中国球员董方卓当过队友。**2008年首夺欧冠冠军**之后，他重返"红蓝军团"，迅速成为球队的主力中后卫，**世界上最优秀的控球型中卫之一**，帮助巴萨三次**捧起欧冠冠军奖杯**，同时还是2010年世界杯、2012年欧洲杯的冠军队主力。

塞尔希奥·拉莫斯

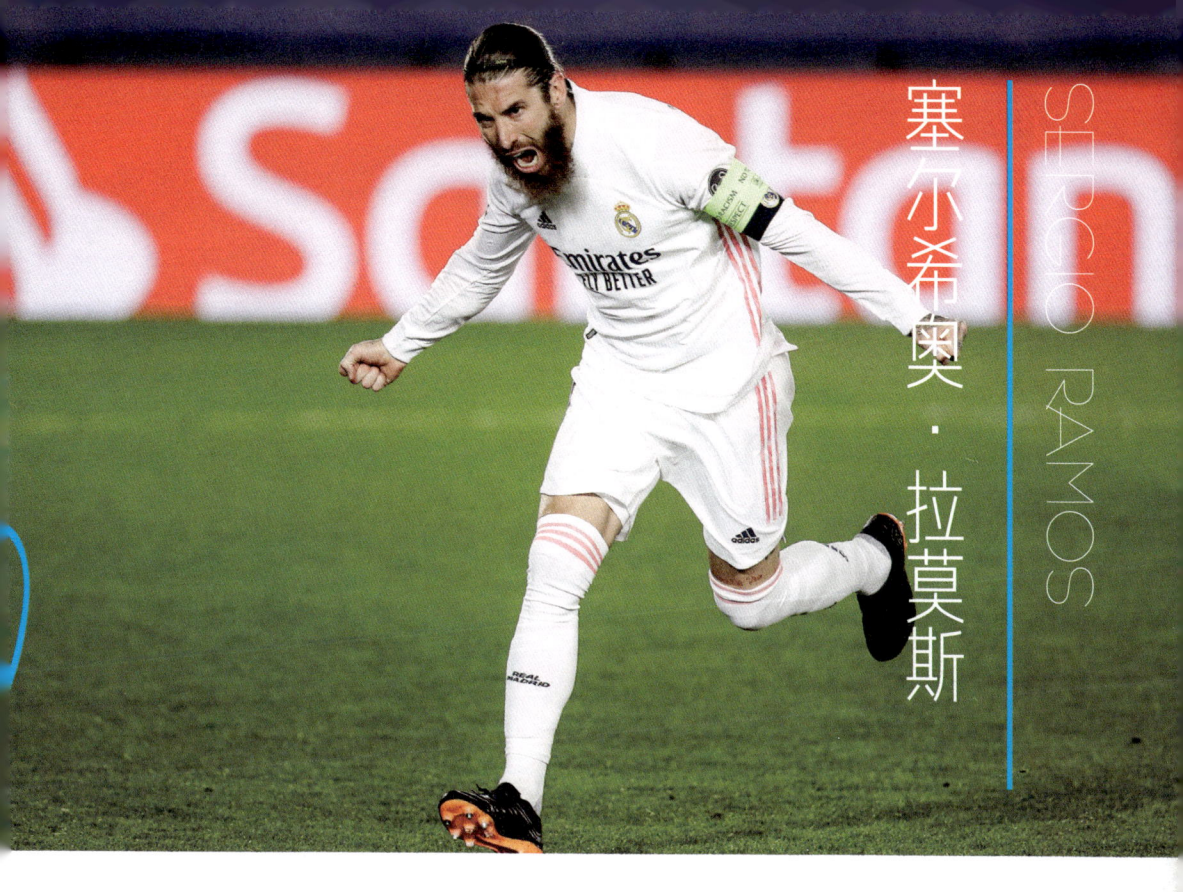

SERGIO RAMOS

出生日期： 1986 年 3 月 30 日

国　　籍： 西班牙

位　　置： 中后卫

效力球队： 塞维利亚，皇马

欧冠数据： 129 场 15 球

欧冠冠军： 4（2013-2014，2015-2016，2016-2017，2017-2018）

"水爷"
最优秀的后防中坚

　　拉莫斯是皮克在西班牙国家队的**黄金搭档**，也是"国家德比"中的死敌。他是右后卫出身，改打中卫之后，一跃成为足坛最优秀的后防中坚。**"水爷"**有身体有技术有速度，不仅防守勇猛顽强，而且擅长在定位球进攻中破门得分，2014年欧冠决赛，就是他在补时头球叩关得手。2016至2018年，**拉莫斯又以队长身份帮助皇马实现欧冠三连冠。**

保罗·斯科尔斯
PAUL SCHOLES

出生日期： 1974 年 11 月 16 日
国　　籍： 英国
位　　置： 中场

效力球队： 曼联
欧冠数据： 130 场 25 球
欧冠冠军： 2（1998-1999，2007-2008）

　　斯科尔斯与吉格斯一样，整个职业生涯都为曼联一家俱乐部效力。他是英格兰历史上**最具进攻才华的中场之一**，拥有出色的长传、远射和后插上得分能力，2008年的欧冠半决赛，正是凭借斯科尔斯的**一脚惊天远射，曼联才得以淘汰巴萨**，晋级决赛。这位英格兰球星**两次夺得欧冠冠军**，但在2009年和2011年折戟决赛。

最具进攻才华的中场

罗纳尔迪尼奥
RONALDINHO

"小罗" 脚下技术出神入化

罗纳尔迪尼奥,中国球迷昵称**"小罗"**,是巴西乃至世界上最具才华的足球精灵,他的脚下技术出神入化,常常能做出匪夷所思的动作,**足球智商更是高人一筹**,可惜因为性格和生活方面的问题,未能完全兑现自己的卓越天赋。整个职业生涯,"小罗"只在2006年率领巴萨"梦二队"**拿到过一次欧冠冠军**。

出生日期: 1980 年 3 月 21 日

国　籍: 巴西

位　置: 边锋,进攻型中场

效力球队: 格雷米奥,巴黎圣日耳曼,巴萨,AC米兰,弗拉门戈,米涅罗竞技,克雷塔罗,弗鲁米嫩塞

欧冠数据: 47 场 18 球

欧冠冠军: 1(2005-2006)

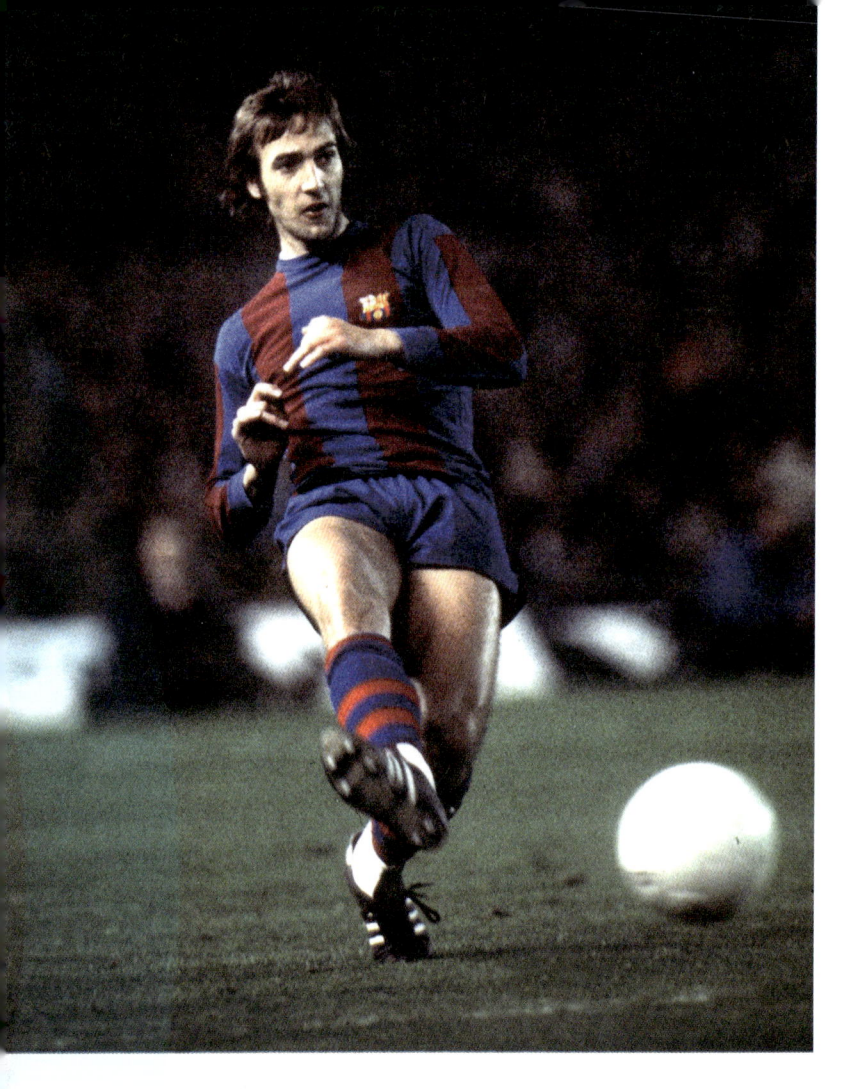

约翰·内斯肯斯 JOHAN NEESKENS

荷兰黄金一代的主要国脚 绝对主力

出生日期： 1951年9月15日

国　　籍： 荷兰

位　　置： 中场

效力球队： 哈勒姆竞技，阿贾克斯，巴萨，纽约宇宙，格罗宁根

欧冠数据： 33场3球

欧冠冠军： 3（1970-1971，1971-1972，1972-1973）

内斯肯斯是**荷兰黄金一代的主要成员之一**，是克鲁伊夫在俱乐部和国家队的杰出搭档，在阿贾克斯和巴萨都有过并肩作战。他以**中场核心的身份**帮助荷兰连夺1974年和1978年世界杯亚军。1971至1973年，阿贾克斯成就欧冠三连冠霸业，内斯肯斯均为**绝对主力**，第一场决赛还曾经担任过右后卫。

欧冠金靴

帕潘是法国足球史上**最优秀的前锋之一**，**曾经连续5个赛季荣膺法甲金靴奖，1991年获得金球奖**。1991年，他与马赛一起闯入欧冠决赛，可惜不敌贝尔格莱德红星，屈居亚军。1993年，效力AC米兰的帕潘再获亚军，一年后终于圆了欧冠冠军梦想。1989-1990赛季、1990-1991赛季和1991-1992赛季，**他还连续三年蝉联欧冠金靴**。

出生日期： 1963年11月5日

国　　籍： 法国

位　　置： 前锋

效力球队： 瓦朗谢讷, 布鲁日, 马赛, AC米兰, 拜仁, 波尔多, 甘冈

欧冠数据： 37场28球

欧冠冠军： 1 (1993-1994)

让-皮埃尔·帕潘

JEAN-PIERRE PAPIN

亚历山德罗·科斯塔库塔

ALESSANDRO COSTACURTA

出生日期： 1966年4月24日

国　　籍： 意大利

位　　置： 中后卫

效力球队： AC米兰，蒙扎

欧冠数据： 94场0球

欧冠冠军： 5（1988-1989，1989-1990，1993-1994，2002-2003，2006-2007）

科斯塔库塔是意大利足坛的一棵常青树，除了短暂外租蒙扎一个赛季之外，整个职业生涯都在AC米兰效力，与马尔蒂尼、巴雷西、塔索蒂组成了**坚不可摧的后防四人组**，成为20世纪80年代末至90年代那支萨基、卡佩罗执教的"红黑军团"的代表人物。**他5夺欧冠冠军**，从20世纪80年代跨越到21世纪初，**2007年最后一次夺冠时，已经是41岁"高龄"。**

后防四人组

伊戈尔·卡西利亚斯

IKER CASILLAS

出生日期： 1981 年 5 月 20 日

国　　籍： 西班牙

位　　置： 门将

效力球队： 皇马，波尔图

欧冠数据： 181 场 0 球

欧冠冠军： 3（1999-2000，2001-2002，2013-2014）

"圣卡西"

有"**圣卡西**"美誉的卡西利亚斯，是**欧冠历史上最伟大的门将之一**，更是**欧冠的历史出场王**，虽然他的纪录不可避免地被C罗超越。身高只有1.82米，但卡西的反应速度奇快，经常能做出世界级扑救，曾经连续三届国家队大赛淘汰赛一球未失，也为皇马带来三座欧冠奖杯，成就大满贯。2008-2012年，**他还创纪录地连续五年当选世界最佳门将。**

塞普·迈耶

SEPP MAIER

出生日期： 1944年2月28日

国　　籍： 德国

位　　置： 门将

效力球队： 拜仁

欧冠数据： 49场0球

欧冠冠军： 3（1973-1974，1974-1975，1975-1976）

门前守护神

迈耶是德国足球史上**最成功的门将**，在集体荣誉方面，达到了连现任德国门神诺伊尔也难以企及的高度。他以主力的身份帮助联邦德国夺得了1972年欧洲杯和1974年世界杯冠军，**还曾经获得欧洲杯和世界杯的亚军**，同时终生效力于拜仁，是1974至1976年**"南部之星"完成欧冠三连冠时的门前守护神。**

贾琴托·法切蒂
GIACINTO FACCHETTI

出生日期： 1942年7月18日

国　　籍： 意大利

位　　置： 左后卫

效力球队： 国际米兰

欧冠数据： 39场6球

欧冠冠军： 2（1963-1964，1964-1965）

"**伟大的左后卫**"法切蒂，是"大国际米兰"时代的核心球员之一，也是**意大利足球史上最伟大的球员之一**，具有极强的边路助攻能力，是国米蝉联1964年和1965年欧冠冠军的主要功臣。宣布退役之后，他还担任过**国米俱乐部的主席**。2006年9月4日，法切蒂去世，享年64岁。为了纪念他，"蓝黑军团"将3号球衣退役。

最伟大的球员
"伟大的左后卫"

弗朗哥·巴雷西

FRANCO BARESI

出生日期： 1960 年 5 月 8 日

国　　籍： 意大利

位　　置： 中后卫

效力球队： AC 米兰

欧冠数据： 50 场 0 球

欧冠冠军： 3（1988-1989，1989-1990，1993-1994）

　　巴雷西是**意大利乃至世界足球史上最伟大的中后卫之一**，是意氏防守的杰出代表。虽然身高只有1.76米，但他**极具领袖气质**，善于指挥队友造越位，身体素质和弹跳力非常出众，空中对抗并不处于劣势，同时具备不俗的带球和传球能力，还是一名冷静的点球主罚手。巴雷西终身效力于AC米兰，**带领"红黑军团"3次问鼎欧冠冠军**。

3 次问鼎欧冠冠军

GRAEME SOUNESS

格雷姆·索内斯

出生日期： 1953 年 5 月 6 日

国　　籍： 英国

位　　置： 中场

效力球队： 热刺，米德尔斯堡，利物浦，桑普多利亚，流浪者

欧冠数据： 42 场 6 球

欧冠冠军： 3（1977-1978，1980-1981，1983-1984）

　　索内斯是**英伦三岛的著名硬汉**，身体对抗出色，斗志顽强，但也拥有细腻的球感，被誉为"会拉小提琴的野兽"，是20世纪70年代至80年代称霸欧洲足坛的那支利物浦的绝对主力，还担任过队长。**索内斯曾为"红军"三夺欧冠冠军，**尤其是1980-1981赛季，他8场欧冠两次帽子戏法，一共打入6球，是夺冠的**功臣**。

"会拉小提琴的野兽"

若泽·阿尔塔菲尼

JOSÉ ALTAFINI

出生日期： 1938 年 7 月 24 日

国　　籍： 巴西，意大利

位　　置： 前锋

效力球队： 帕尔梅拉斯，AC 米兰，那不勒斯，尤文图斯，基亚索，门德里希奥

欧冠数据： 28 场 24 球

欧冠冠军： 1（1962-1963）

　　阿尔塔菲尼出生于巴西，1958年**跟随"桑巴军团"夺得世界杯冠军**，后来转投意大利，在AC米兰和尤文图斯都有夺冠经历。他是一位非常优秀的射手，**1962-1963赛季一人打入14粒进球**，为"红黑军团"捧起欧冠冠军立下汗马功劳，这也**创造了当时的欧冠单赛季进球纪录**，直到2013-2014赛季才被C罗打破。此外，他还曾在一场比赛中轰进5球，创造了欧冠单场进球纪录。

罗纳德·科曼

RONALD KOEMAN

巴萨的主教练

出生日期： 1963 年 3 月 21 日

国　　籍： 荷兰

位　　置： 后卫，中场

效力球队： 格罗宁根，阿贾克斯，埃因霍温，巴萨，费耶诺德

欧冠数据： 52 场 13 球

欧冠冠军： 2（1987-1988，1991-1992）

球员时代，**科曼是荷兰足球史上最优秀的中后卫、清道夫之一**，有一脚精准的长传球和远射轰门的绝技，也是一位**"带刀侍卫"**和定位球大师。他效力过荷甲三强，1988年在埃因霍温首夺欧冠冠军，1992年又成为巴萨"梦一队"的后防核心，再次捧起大耳杯。现在，**科曼已经是巴萨的主教练**。

SAMUEL ETO'O FILS

萨穆埃尔·埃托奥·菲尔斯

出生日期： 1981 年 3 月 10 日

国　　籍： 喀麦隆

位　　置： 前锋

效力球队： 皇马，马洛卡，巴萨，国米，安郅，切尔西，埃弗顿，桑普多利亚，安塔利亚体育，科尼亚，卡塔尔体育

欧冠数据： 82 场 33 球

欧冠冠军： 3（2005-2006，2008-2009，2009-2010）

"猎豹"

埃托奥是非洲足球史上**最伟大的前锋之一，曾经四次当选非洲足球先生**。他效力过多家欧洲豪门，是**巴萨"梦二队"的主力，两次称雄欧冠**，2006年和2009年欧冠决赛都有进球入账。后来，他与伊布互换，加盟国际米兰，又在**2010年"卫冕"欧冠冠军**。那一年的决赛中，埃托奥在穆里尼奥的安排下改踢边后卫，为"蓝黑军团"的三冠王做出巨大牺牲。

罗伯特·莱万多夫斯基
ROBERT LEWANDOWSKI

出生日期： 1988 年 8 月 21 日

国　　籍： 波兰

位　　置： 前锋

效力球队： 华沙莱吉亚，普雷斯科夫，波兹南莱赫，多特蒙德，拜仁慕尼黑

欧冠数据： 96 场 73 球

欧冠冠军： 1（2019-2020）

作为当今足坛最优秀的中锋之一，**莱万有"世一锋"的美誉**，2019-2020赛季各项赛事狂轰55球，2020年更是豪取六冠王，职业生涯第一次荣获国际足联的**年度最佳球员殊荣**。目前，**他已经是欧冠历史第三号射手**，仅次于C罗和梅西，但只夺得过一次欧冠冠军，2012-2013赛季效力多特蒙德时不敌现在的东家拜仁，屈居亚军。

安德烈·舍甫琴科
ANDRIY SHEVCHENKO

出生日期： 1976年9月29日
国　　籍： 乌克兰
位　　置： 前锋

效力球队： 基辅迪纳摩，AC米兰，切尔西
欧冠数据： 116场59球
欧冠冠军： 1（2002-2003）

"**乌克兰核弹头**"舍甫琴科，球员时代是震动欧洲足坛的世界级前锋，以速度快、得分能力强而著称，**2004年荣获金球奖**。"舍瓦"曾经三次闯入欧冠决赛，但只在2002-2003赛季成功夺魁，在那场与尤文图斯的欧冠决赛中，他**在点球大战攻入了锁定冠军的一球**。遗憾的是，2004-2005赛季和2007-2008赛季，乌克兰前锋先后输给了利物浦和曼联，两获欧冠亚军。

"**乌克兰核弹头**"

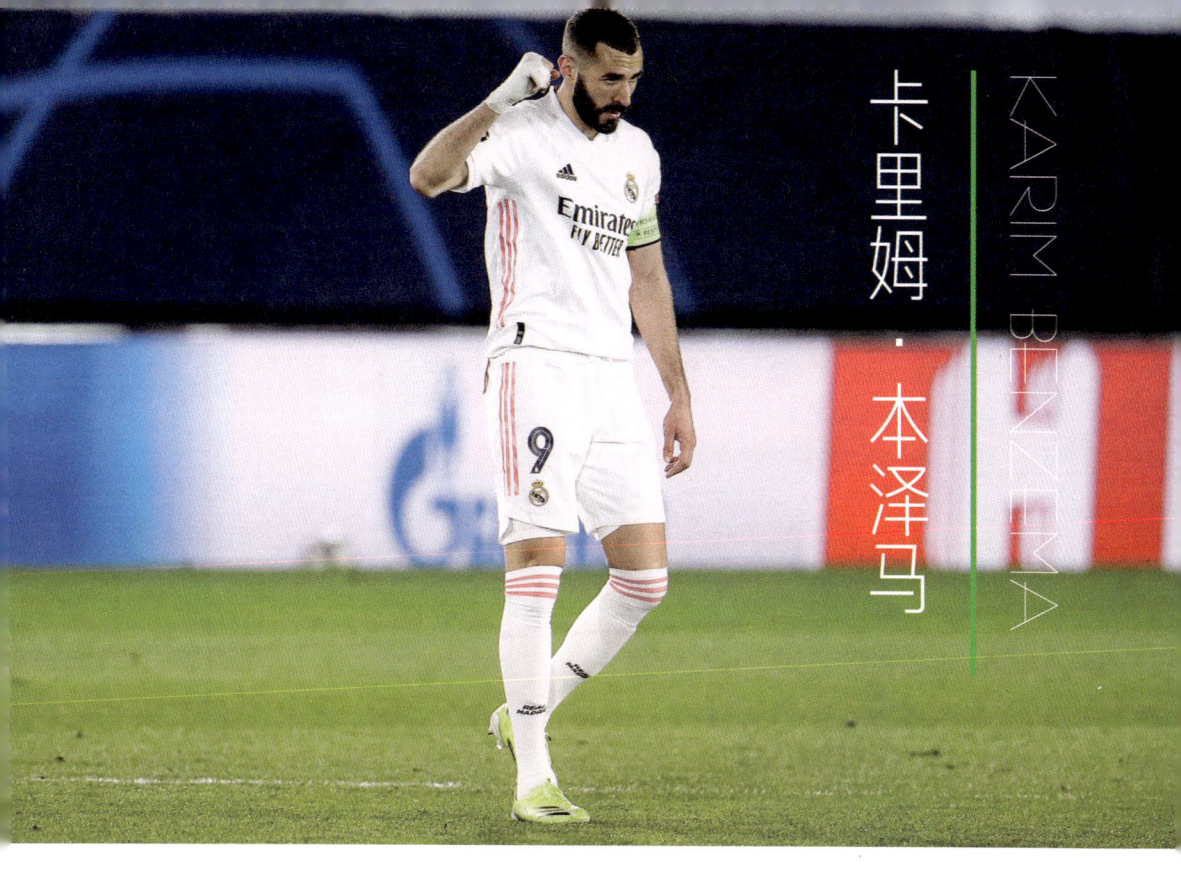

卡里姆·本泽马
KARIM BENZEMA

出生日期： 1987年12月19日

国　　籍： 法国

位　　置： 前锋

效力球队： 里昂，皇马

欧冠数据： 130场71球

欧冠冠军： 4（2013-2014，2015-2016，2016-2017，2017-2018）

"BBC组合"

17岁零352天时，本泽马就打入欧冠处子球，成为在欧冠赛场上进球的最年轻法国球员。2009年，他从里昂加盟皇马，在与伊瓜因的竞争中最终占据上风，与C罗、贝尔组成了"BBC组合"。2018年欧冠决赛，本泽马首开纪录，成为**继齐达内之后首位在欧冠决赛进球的法国人**，成就三连冠伟业。如今，他已经是**欧冠历史第五射手**。

安德烈亚·皮尔洛
ANDREA PIRLO

出生日期： 1979年5月19日

国　　籍： 意大利

位　　置： 中场

效力球队： 布雷西亚，雷吉纳，AC米兰，尤文图斯，纽约城

欧冠数据： 115场8球

欧冠冠军： 2（2002-2003，2006-2007）

睡皮
最伟大的传球大师

　　皮尔洛是意大利足球史上**最伟大的传球大师**，从前腰改打组织型后腰之后，他的职业生涯被彻底激活。效力AC米兰期间，"**睡皮**"先后两次捧起欧冠冠军的奖杯，2011年转投尤文图斯之后，又完成意甲四连冠，如今则成为"斑马军团"的主教练。2006年，他还以中场核心的身份**率领意大利队勇夺世界杯冠军**。

大卫·贝克汉姆
DAVID BECKHAM

出生日期： 1975年5月2日

国　　籍： 英国

位　　置： 中场

效力球队： 曼联，皇马，洛杉矶银河，AC米兰，巴黎圣日耳曼

欧冠数据： 113场17球

欧冠冠军： 1（1998-1999）

　　本来能够靠脸吃饭，贝克汉姆却偏偏要靠才华。他有**一只黄金右脚**，右路传中和定位球功夫独步天下，是曼联在进攻中的大杀招。加盟皇马之后改打中前卫，**出神入化的长传球功夫**依然令人叹为观止。因为颜值，"小贝"的实力一直被人低估。虽然他只夺得过一次欧冠冠军，但1999年欧冠决赛，正是他的两次角球传中，为"红魔"补时两球逆转拜仁，**成就三冠王。**

何塞·桑塔马利亚

JOSÉ SANTAMARÍA

出生日期： 1929 年 7 月 31 日

国　　籍： 乌拉圭，西班牙

位　　置： 中后卫

效力球队： 乌拉圭民族，皇马

欧冠数据： 50 场 0 球

欧冠冠军： 4（1957-1958，1958-1959，1959-1960，1965-1966）

桑塔马利亚**球风硬朗，防守稳健，出球果断**，处理高空球的能力很强，是皇马20世纪50年代末至60年代欧冠辉煌时期的后防领袖，曾经**4次问鼎欧冠冠军**，代表球队在各项赛事中出场337次，还5次夺得西甲冠军，可谓荣誉等身。退役之后，**他还执教过西班牙人和西班牙国家队。**

荣誉等身

加雷斯·贝尔
GARETH BALE

出生日期： 1989 年 7 月 16 日

国　　籍： 威尔士

位　　置： 边锋

效力球队： 南安普顿，热刺，皇马

欧冠数据： 66 场 20 球

欧冠冠军： 4（2013-2014，2015-2016，2016-2017，2017-2018）

赫赫战功

"BBC组合"之中的另一位，**贝尔为皇马4夺欧冠冠军立下过赫赫战功**。2014年欧冠决赛，他在加时赛打入反超比分的进球。2018年欧冠决赛，威尔士大圣更是尽显神威，替补登场**倒钩破门、远射世界波，梅开二度**帮助"银河战舰"3比1击败利物浦，实现欧冠三连霸的伟业，他也因此当选了**欧冠决赛的最佳球员**。

路易斯 菲戈
LUIS FIGO

出生日期： 1972年11月4日

国　　籍： 葡萄牙

位　　置： 边锋

效力球队： 葡萄牙体育，巴萨，皇马，国米

欧冠数据： 107场24球

欧冠冠军： 1（2001-2002）

最出色的边锋

菲戈是**世界足球史上最出色的边锋之一**，也是C罗之前葡萄牙足球的代表球星之一。他的脚下技术非常精湛，传球能力出色，**2000年赢得过金球奖和世界足球先生**。从巴萨加盟死敌皇马，菲戈曾经引起过巨大争议，不过在"银河战舰"，**他还是赢得了职业生涯的唯一一座欧冠冠军奖杯。**

马塞尔·德塞利

MARCEL DESAILLY

出生日期： 1968 年 9 月 7 日

国　　籍： 法国

位　　置： 中后卫，后腰

效力球队： 南特，马赛，AC 米兰，切尔西，加拉法，卡塔尔体育

欧冠数据： 55 场 3 球

欧冠冠军： 2（1992-1993，1993-1994）

后防四人组
欧冠冠军

德塞利出生于加纳，**身体素质劲爆，同时有着很好的柔韧性和技术功底，**不仅能胜任中卫，还能踢防守型中场。1992-1993赛季，他**为法甲豪门马赛勇夺欧冠冠军，**之后转投AC米兰，又在1993-1994赛季欧冠决赛中发挥了重要作用：在卡佩罗安排下司职后腰，还打入1球，**帮助"红黑军团"4比0大胜巴萨。**

费尔南多·莫伦特斯

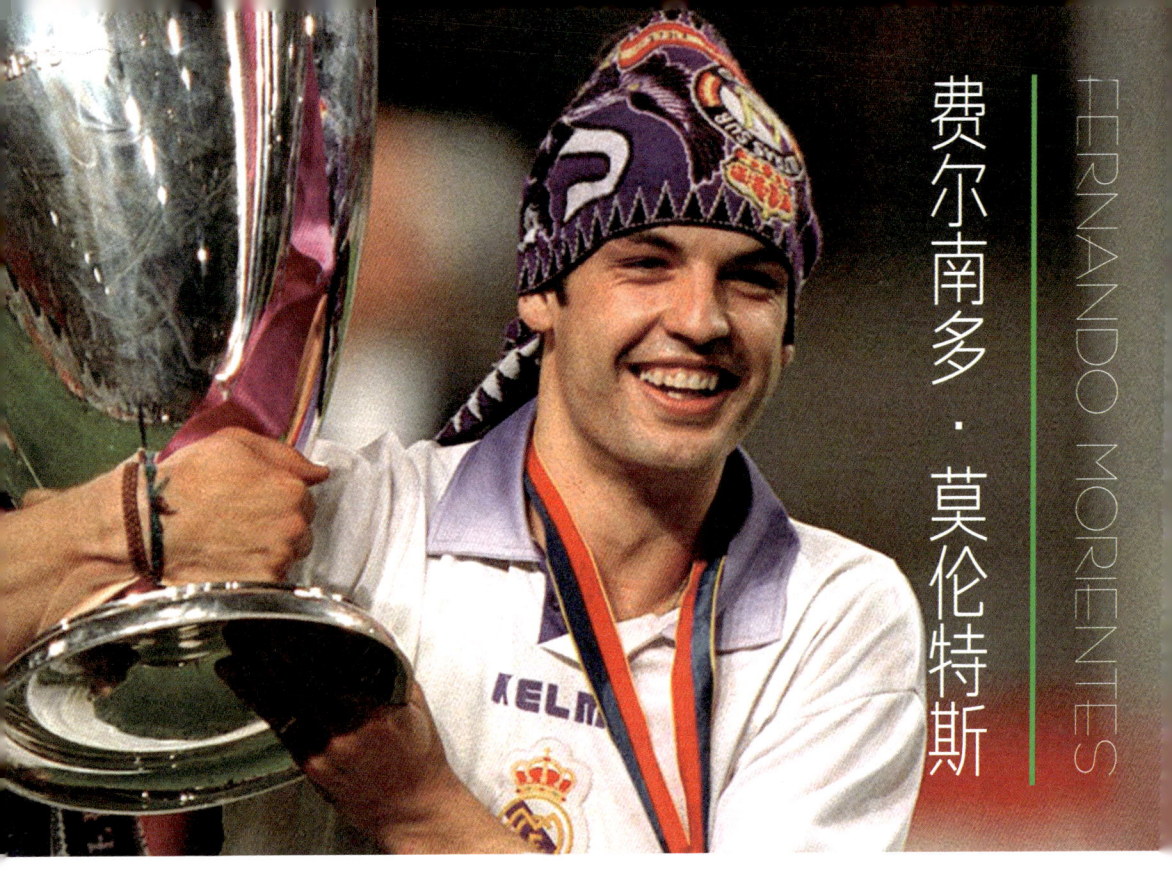

FERNANDO MORIENTES

出生日期： 1976年4月5日

国　　籍： 西班牙

位　　置： 中锋

效力球队： 阿尔巴塞特，萨拉戈萨，皇马，摩纳哥，利物浦，瓦伦西亚，马赛

欧冠数据： 104场39球

欧冠冠军： 3（1997-1998，1999-2000，2001-2002）

欧冠最佳射手

　　莫伦特斯是劳尔在皇马和西班牙国家队的黄金搭档，他是**一位出色的全能型中锋**，脚下技术出色，能传能射，效力皇马期间，曾经三次在欧冠赛场上抡元，并在2000年欧冠决赛中打入1球。2003-2004赛季，莫伦特斯斩获9球，**荣膺欧冠最佳射手**，并**帮助摩纳哥闯入决赛**，可惜不敌穆里尼奥的波尔图。

埃德温·范德萨
EDWIN VAN DER SAR

出生日期： 1970 年 10 月 29 日

国　　籍： 荷兰

位　　置： 门将

效力球队： 阿贾克斯，尤文图斯，富勒姆，曼联

欧冠数据： 100 场 0 球

欧冠冠军： 2（1994-1995，2007-2008）

　　范德萨成名于阿贾克斯，早在**1995年就已经首次捧起欧冠冠军的奖杯**。后来，他又辗转尤文图斯和富勒姆，以34岁的"高龄"加盟曼联，竟然成为"红魔"门前不可撼动的**"叹息之墙"**。2008年欧冠决赛的点球大战，荷兰门神在第7轮将切尔西前锋阿内尔卡的点球扑出，**力助曼联夺冠**，也拿到了个人的第二个欧冠冠军。

对手的"叹息之墙"
门神

71

曼努埃尔·诺伊尔

MANUEL NEUER

出生日期： 1986 年 3 月 27 日

国　　籍： 德国

位　　置： 门将

效力球队： 沙尔克 04，拜仁慕尼黑

欧冠数据： 121 场 0 球

欧冠冠军： 2（2010-2013，2019-2020）

诺伊尔是**当今足坛最优秀的门将之一**，他的比赛风格极具开创性，以一己之力复兴并重新定义了"门卫"，因此也有"诺前锋"的昵称。诺伊尔脚下技术出众，反应非常迅捷，活动范围极大，整个后半场都是其控制区域，擅长扑点球和大力手抛球，2013年和2020年拜仁两次成就三冠王，他都是绝对主力，也是**2014年德国问鼎世界杯的主要功臣。**

结 语

回顾欧冠的历史，还有很多颇受球迷喜爱的球星留下了他们的印记，但因为伤病、球队实力等原因，很多人没能捧起冠军奖杯。还在踢球的布冯、伊布、法布雷加斯、桑切斯，已经退役的罗纳尔多、范尼、托蒂、巴拉克，走上教练岗位的卡纳瓦罗、维埃拉、博格坎普等，都是其中的代表人物。

还有不少带队夺冠的球星因为位置有限也没能进入这份50人的榜单。拜仁门神卡恩、国米传奇队长萨内蒂、"斑马王子"皮耶罗、"海布里之王"亨利、"巴萨狮王"普约尔都是其中的代表，他们的成就同样伟大，同样担得起欧冠传奇的称号。

欧冠联赛激战正酣，传奇仍在继续。